VOIR 6-9 ANS

JEAN-MICHEL BILLIOUD

Les pirates

FLEURUS

Texte : **Jean-Michel Billioud**
Direction éditoriale : **Virginie Grandval**
Édition : **Françoise Ancey**
Direction artistique : **Thérèse Jauze**
Mise en page : **Catherine Enault**
Fabrication : **Gwendoline Da Rocha** et **Thierry Dubus**

Film : ***Le dernier voyage de Barbe Noire***

Prémastering : **Monal Group**

Dépôt légal : septembre 2015
ISBN : 978 2 215 155 30 0
Code MDS : 591995
N° d'édition : J15115
1re édition

Photogravure : SNO
Achevé d'imprimer sur les presses de l'imprimerie Jelgavas Tipografija (Lettonie).
Loi n° 49-956 du 16 juillet 1949 sur les publications destinées à la jeunesse.

Sommaire

Pavillon du pirate anglais Jack Rackham.

Terreurs des mers

Pirates, corsaires, boucaniers, flibustiers, ils sont tous redoutés mais il ne faut pas les confondre : leurs techniques de combat sont peut-être semblables, mais en aucun cas leur rôle ni leurs valeurs.

Les pirates

Ces bandits pratiquent leurs activités dans le but unique de s'enrichir. Ils pillent les navires marchands et attaquent parfois les petites villes des côtes. Ils ont existé dès les premiers temps de la marine, sur toutes les mers du globe, et n'ont jamais disparu !

Les corsaires

Ces militaires des mers, qui ont sillonné les océans du XVIe au XIXe siècle, agissent au service d'un pays et n'attaquent que les adversaires de leur souverain. Leur but est d'affaiblir les puissances navales ennemies, mais ils n'hésitent pas à s'enrichir pour leur propre compte. Quand ils sont capturés, les corsaires bénéficient de protections dues aux prisonniers de guerre, et ne sont pas pendus comme de vulgaires pirates.

Les flibustiers

Formés d'aventuriers français à partir du XVIe siècle, les flibustiers sont des corsaires de la mer des Antilles. Ils y traquent les bateaux espagnols au moment de la guerre entre le roi François Ier et l'empereur Charles Quint. Au XVIIe siècle, des marins anglais et hollandais les rejoignent pour attaquer les possessions hispaniques. Contrairement aux pirates, les flibustiers n'ont pas véritablement de chef et se partagent équitablement le butin.

Sur une île des Caraïbes, un boucanier veille sur son trésor.

Les boucaniers

Les boucaniers ne sont pas des marins, mais des chasseurs de vaches sauvages et de cochons, établis vers le milieu du XVIIe siècle sur les îles de la mer des Caraïbes et du golfe du Mexique. Ils n'hésitent pas à s'attaquer aux bateaux qui s'approchent trop près de leur côte. Traqués par les Espagnols, beaucoup de boucaniers rejoignent les rangs des flibustiers.

Leur nom est Barberousse

Ennemis intimes des Espagnols, les frères Barberousse restent, pendant près de 50 ans, les maîtres de la Méditerranée et de l'Afrique du Nord. Fils d'un pauvre potier, ils vont amasser une fortune considérable pour leur propre compte, puis pour celui du sultan ottoman qui règne à Istanbul.

Arudj (1474-1518)

Khair ad-Din (1476-1546)

L'ennemi espagnol

À la fin du xve siècle, les rois catholiques d'Espagne semblent au sommet de leur puissance. Ils ont enfin chassé les musulmans de Grenade au sud du pays et, de l'autre côté de l'océan, l'audacieux Christophe Colomb vient de découvrir en leur nom le continent américain, annonciateur de mille richesses. Mais sur les flots de la Méditerranée et en Afrique du Nord, leurs ambitions sont contrariées par les frères Barberousse.

Brigands des mers

Anciens esclaves, galériens, les Barberousse sont à la tête d'une flotte d'une vingtaine de navires, galiotes et galères. L'aîné, Arudj, dirige d'une main de fer près de mille hommes, et sa première victoire en fait un héros : il ose s'attaquer en 1504 aux bateaux du pape près de l'Île d'Elbe (Italie), et capture deux cents chrétiens qu'il vend aussitôt comme esclaves. En 1516, il s'empare de la ville d'Alger et devient gouverneur d'un immense territoire. Deux ans plus tard, l'empereur Charles Quint envoie sa flotte pour reconquérir la ville. Tué dans la bataille, Arudj est remplacé par son frère cadet Khair ad-Din qui conserve le pouvoir sur Alger.

Sauvé par Dieu ?

Trois fois, les Espagnols sont en position de force pour reconquérir Alger. Mais deux tempêtes extraordinaires détruisent une partie de la flotte. La troisième fois, ce sont des pluies diluviennes qui les obligent à se replier en désordre.

Combat opposant Khair ad-Din et la flotte de l'empereur et roi d'Espagne Charles Quint, en 1535, autour des côtes tunisiennes.

Lors d'une visite au sultan Soliman à Istanbul, Khair ad-Din apporte des coffres remplis d'or, des tigres et des gazelles, ainsi que des centaines d'esclaves.

Émir des mers

Habilement, Khair ad-Din se place sous la protection du sultan Soliman le Magnifique qui lui envoie de nombreux renforts. Corsaire au service de son puissant souverain, il peut lancer sans relâche ses raids maritimes contre les côtes italiennes où il multiplie razzias et captures d'esclaves. En 1534, Soliman le Magnifique le nomme "grand amiral de la flotte ottomane" puis "émir des mers". L'ancien esclave est désormais considéré comme un véritable ministre et règne sans partage sur un vaste territoire autour d'Alger. En 1546, après des années de combat autour de la Méditerranée, il meurt de vieillesse, riche et respecté !

Les Caraïbes en feu

Entre 1520 et 1720, cette région est le centre mondial de la piraterie. Les brigands des mers y sont attirés par les bateaux espagnols, remplis à ras bord de richesses du Nouveau Monde.

Christophe Colomb ouvre le bal

La découverte de l'Amérique en 1492 est le point de départ de l'âge d'or de la piraterie dans les Caraïbes. Les Espagnols pillent les terres américaines et chargent d'or et d'argent leurs galions dans le port de Vera Cruz, dans le golfe du Mexique. Une fois par an, des dizaines de navires protégés par des soldats partent pour l'Espagne. Surnommée la "Plata flota" (Flotte de l'argent), cette immense caravane maritime suscite la convoitise de tous les pirates.

L'île de la Tortue

Longue de 37 km sur 7 de large, l'île de la Tortue est l'une des capitales des flibustiers et des boucaniers au XVIIe siècle. Située au nord-ouest d'Hispaniola (Haïti aujourd'hui), elle doit son nom à Christophe Colomb qui lui trouve une ressemblance avec une carapace. C'est un repaire idéal : elle abrite de nombreux cochons et vaches, elle n'est accessible que par sa côte sud et les nombreux récifs empêchent le passage des gros bateaux utilisés par les corsaires.

Le fort de la Roche (1) est construit sur une crête rocheuse, seul endroit d'où l'on peut voir les navires accoster. Si les Espagnols débarquent, le fort peut abriter 800 pirates.

Port-Royal

Fondé en 1518 par les Anglais, ce centre de la flibuste, situé au sud-est de l'île de la Jamaïque, est la plaque tournante du commerce : les bateaux anglais y apportent des draps, des outils, du vin et des esclaves africains. Ils repartent chargés de sucre, de tabac et de richesses pillés sur les navires espagnols. Quand ils ne pourchassent pas des navires marchands, les habitants de Port-Royal excellent dans la pêche à la tortue et dans la contrebande (*voir aussi p. 20-21*).

Nassau

Fondé par les Anglais sous le nom de Charles Town, ce port d'une île des Bahamas est le refuge des plus dangereux pirates des Caraïbes, tels Jack Rackham et Anne Bonny. Nassau devient même au début du XVIIe siècle la capitale de la "République des corsaires", dirigée un temps par le terrible Barbe Noire.

Rayé de la carte

Port-Royal a été complètement englouti sous les eaux après plusieurs tremblements de terre en 1692. Certains disent que c'est le châtiment de Dieu pour punir les pirates de leur vie dissolue !

Une vie de pirate

Les aventuriers partent sur les mers avec des rêves de gloire facile, de fortune amassée et de chasse au trésor. Mais la vie au quotidien est bien moins exaltante dans la réalité.

❶ Apprenti pirate

Comment peut-on devenir pirate à 12 ans ? Certains ont été capturés sur un navire, d'autres embarquent pour fuir la pauvreté et faire fortune sur les mers. Les mousses sont chargés de tous les travaux pénibles : récurer le pont du bateau, monter au sommet du mât et gratter les algues et les coquillages accrochés à la coque.

❷ Naviguer

Tous les pirates savent se battre, mais certains ont une autre spécialité. En pleine mer, le navigateur observe les astres et les étoiles, le mouvement des nuages, des vagues

et des oiseaux. Lorsque le bateau s'approche des terres, il repère un sommet ou un clocher qu'il retrouve dessinés sur ses cartes.

3 L'ennui

La vie de pirate n'est qu'une longue attente. Les abordages sont rares et il faut trouver des occupations. Certains participent aux manœuvres, d'autres font de la musique, pêchent à l'arrière du navire ou jouent aux dés quand le capitaine le permet. Et tous boivent beaucoup trop. Leur ennui ne cesse que par ces mots magiques : « Une voile à l'horizon ! »

4 La peur

Elle accompagne en permanence les pirates : peur des ouragans, des blessures que l'on ne peut pas soigner, des maladies tropicales, des requins qui guettent les naufragés, du feu qui peut prendre à tout instant à bord. Et quand ils accostent sur une île, ils craignent les attaques des indigènes et celles des animaux féroces.

5 Les maladies

Les fièvres provoquées par les insectes, la chaleur insupportable, le manque d'hygiène (pas d'eau douce pour se laver) déciment les équipages des pirates, en particulier, dans les Caraïbes. Mais la maladie la plus fréquente est le scorbut, le manque de vitamine C, qui ne peut être soigné qu'en mangeant des fruits ou des légumes frais.

6 Les vieux pirates

Ils sont peu nombreux : la plupart meurent dans les combats ou sont capturés. Et ceux qui échappent à ces dangers sont souvent débarqués ou éliminés car jugés inutiles sur le bateau...

Une galerie redoutable

Certains sont craints pour leur cruauté comme Daniel Monbars, d'autres pour leur intelligence, tel Henry Morgan, mais tous sont entrés dans la légende noire de la piraterie : la seule évocation de leur nom suffisait à faire trembler tous les marins des Caraïbes.

Henry Morgan (1637-1688)

En 1668, la première expédition d'Henry Morgan est si rentable que ce flibustier anglais paie ses hommes dix fois le salaire annuel d'un marin de la Royal Navy ! Très vite, il prend la tête d'une armada de 37 navires, la plus grosse flotte de l'histoire des Antilles, et s'empare de Panama et d'un butin extraordinaire. Sa réputation est telle que le roi d'Angleterre Charles II le nomme gouverneur de Jamaïque quelques années plus tard.

Bartholomew Roberts (1682-1722)

Le Gallois Bartholomew Roberts est le pirate le plus efficace de l'histoire : entre 1719 et 1722, passant des côtes des Antilles à celles de l'Afrique, il capture pas moins de 500 navires ! Redoutable combattant, il aime tant narguer ses adversaires qu'il fait confectionner un pavillon où il se fait représenter un pied sur la tête d'un habitant de la Martinique et l'autre sur la tête d'un habitant de la Barbade. Cela ne peut durer. Les corsaires anglais et français s'allient pour éliminer l'ennemi public n° 1. La chasse est ouverte et Black Barty est tué par ses adversaires d'une salve de canon. Son aventure de pirate n'aura pas été très longue !

William Kidd (1645-1701)

Ancien corsaire du roi d'Angleterre Guillaume III, le capitaine Kidd se transforme en pirate en 1697 et accumule une véritable fortune. Capturé et emprisonné à Londres, il est condamné à la pendaison pour piraterie en 1701 (*voir p. 33*). Mais avant d'être emmené en Angleterre, il aurait enterré un fabuleux trésor sur l'île de Gardiner, au nord-est des États-Unis. Depuis le sort de son navire l'*Adventure Galley* et les recherches de son "or" participent amplement à la légende du brigand !

Anne Bonny (1690-17-?)

Sur le bateau du pirate Jack Rackham dont elle est amoureuse, Anne Bonny n'hésite jamais à prendre part aux combats avec son amie Mary Read. Selon la légende, cette intrépide Anglaise montrait ses seins à ses adversaires pour leur prouver qu'une femme était capable de se battre aussi bien qu'un homme ! Capturée, elle est sauvée de la pendaison car elle est enceinte de son redoutable capitaine. Ramenée en Angleterre, elle change complètement de vie et épouse un honnête homme avec lequel elle aura... huit enfants !

Daniel Monbars (1645-1707)

Surnommé l'Exterminateur, le colosse français Daniel Monbars déteste les Espagnols qui ont colonisé les territoires de ses amis indiens. Malheur à ceux qui sont capturés dans les Caraïbes, ils sont éventrés et torturés ! On raconte aussi qu'il aurait enterré sur l'île de Saint-Barthélémy une barque remplie de pièces d'or à « 38 pieds d'un rocher marqué de trois traits dans un renfoncement où coule un ruisseau. » Malgré ces précisions, on la cherche encore...

Le début d'un mythe

Imaginé par Robert Louis Stevenson dans son roman L'Île au trésor *(1883), le pirate Long John Silver, avec sa jambe de bois et son perroquet sur l'épaule qui compte les pièces d'or à voix haute, a influencé de nombreux écrivains et réalisateurs. Mais il n'est pas du tout représentatif des pirates !*

Habillés comme des princes

Les pirates portent le plus souvent les vêtements qu'ils volent sur les bateaux au gré des abordages. Ils aiment s'habiller en seigneur, signe de leur puissance.

❶ Très à la mode au XVIIIe siècle, le **tricorne** est le chapeau préféré des pirates des Caraïbes. Ils le décorent parfois avec des plumes ou des bijoux.

❷ Le **bandeau** sur le front et le **foulard** sont précieux pour se protéger du soleil brûlant, mais aussi des éclats de bois lorsqu'un boulet explose sur le pont.

❸ Les **boucles d'oreilles** en or sont souvent la seule richesse des pirates qui gaspillent leurs maigres économies dans les tavernes. Parfois, elles aident même à payer leur enterrement ! Une ancienne légende raconte aussi que l'or protège les brigands de la noyade et des naufrages.

❹ La **chemise** est ample pour amortir les éclats de grenaille ou de bois.

❺ Certains pirates font confectionner au port de **longues vestes** avec de la toile... de voile.

❻ La **ceinture** est large pour y glisser le maximum d'armes : sabres, pistolets et couteaux.

Chacun son rôle

L'équipage d'un bateau pirate est formé d'une cinquantaine de personnes. Certains ne sont que des combattants et ne participent pas à la bonne marche du navire. Une vingtaine ont des missions particulières.

Le maître-voilier est responsable de la mise en place des dizaines de voiles. Après les combats navals, il est aidé par les mousses qui inspectent les toiles, souvent trouées par les armes à feu.

Le canonnier veille sur l'artillerie, sur la poudre et les boulets rangés dans la pièce appelée "Sainte-Barbe". Lors des attaques, il fait jeter de l'eau sur les canons qui sont vite brûlants.

Âgé d'une quarantaine d'années, **le capitaine** est un meneur d'hommes. Élu par l'équipage qui a une confiance aveugle en lui, il est le seul maître à bord après Dieu et ceux qui n'obéissent pas à ses ordres sont punis sans état d'âme. Secondé par le quartier-maître ou par un lieutenant, le capitaine prend toutes les décisions, mais certains demandent parfois l'avis de l'équipage au cours d'une assemblée.

La vigie vit au sommet du mât sur la plateforme d'observation, le nid-de-pie. Accroché à 30 m de haut, le marin repère les terres et les bateaux qui s'annoncent à l'horizon.

Le timonier est le maître de la barre et dirige le bateau lors des manœuvres et des attaques.

Le chirurgien-barbier possède rarement les diplômes de médecine nécessaires à son activité. Certains sont même chirurgien et charpentier ! Cela tombe bien, car après les combats, il faut souvent manier la scie pour amputer les blessés graves. L'alcool lui est indispensable : il s'en sert pour laver les plaies et endormir un marin avant de lui couper un membre !

En général, **le maître-coq**, chargé de nourrir l'équipage, est un pirate mutilé ou trop vieux pour participer au combat. Son rôle est capital. À chaque escale, il remplit les cales de fruits frais pour éviter le scorbut, une maladie qui décime les marins en manque de vitamines. Les plus prévoyants emportent aussi de nombreuses volailles pour avoir des œufs et de la viande en pleine mer.

Le code de bonne conduite

Sur la plupart des bateaux pirates, le capitaine impose un code de conduite que chaque membre d'équipage s'engage à respecter. Ce règlement, la "chasse-partie", précise, par exemple, les attitudes qui ne sont pas tolérées à bord et le mode de partage du butin.

18

Les droits

Un bateau pirate est comme une petite démocratie. Non seulement le chef, le capitaine, est élu, mais l'équipage a le droit d'exprimer son opinion et de participer par vote aux grandes décisions, comme celle du choix des destinations. Après les victoires, le butin est aussi partagé… mais de manière peu équitable. En général, les simples pirates reçoivent une part, le canonnier et le maître d'équipage une part et demie, le capitaine et le quartier-maître deux parts du butin.

Les interdictions

Elles sont nombreuses : il est interdit d'inviter des femmes à bord et de jouer de l'argent aux cartes, ou aux dés. Il ne doit jamais y avoir de chandelles allumées à la tombée de la nuit, car les risques d'incendie sont trop importants. Enfin, aucune bagarre n'est tolérée à bord. En cas de conflit, les deux hommes ont le droit de se battre en duel… mais uniquement à terre ! Selon la règle, ils commencent par le pistolet, puis continuent par le sabre. À la première blessure, le duel prend fin.

Les obligations

Tous les membres de l'équipage doivent avoir leur fusil, leur sabre et leurs pistolets parfaitement propres et en état de marche. Les attaques peuvent avoir lieu à tout moment et il faut pouvoir se défendre. Gare au pirate peu soigneux : le fouet s'abattra sur son dos et sa part de butin consfiquée lors du prochain partage.

Le prix de la souffrance

Chaque blessure est indemnisée par le capitaine à la hauteur de sa gravité : les deux yeux sont les mieux "remboursés" avec 2 000 pièces ou 20 esclaves. La perte du bras gauche n'en "rapporte" que 500, soit 5 esclaves... mais celle du bras droit est évaluée à 600 pièces.

Code d'honneur

Créé par Bartholomew Roberts, l'un des codes de conduite les plus célèbres établit, entre autres, que « Nul ne parlera de changer de vie avant que la part de chacun ait atteint 1 000 livres », ou encore que « Les musiciens auront le droit de se reposer le jour du sabbat. Les autres jours de repos ne leur seront accordés que par faveur. »

Les punitions

Lorsqu'un pirate vole une part du butin avant la répartition, il est abandonné sur une île déserte. Si le vol est commis directement sur un autre membre de l'équipage, on lui coupe le nez et les oreilles avant de le déposer à terre ! Quand un pirate déserte son poste lors des abordages, ou fait monter une femme à bord, c'est pire : il est puni de mort ! Pourtant, cela n'empêche pas certains d'essayer de faire venir leur petite amie en la déguisant en marin.

Halte à Port-Royal

Entre deux aventures, les pirates viennent dépenser leur argent dans les tavernes de Port-Royal, petite ville idéalement placée sur la route des galions espagnols. Ils laissent chaque soir une fortune dans ce port considéré comme « la plus malfaisante cité de la terre » !

Les Anglais, qui contrôlent le port, accueillent avec bienveillance ces brigands des mers qui pillent les bateaux de leurs ennemis espagnols. Pendant une vingtaine d'années, Port-Royal devient un repaire de bandits, mais aussi l'une des villes les plus riches d'Amérique.

Dans les tavernes, le rhum, fabriqué avec les cannes à sucre des îles des Antilles, coule à flots en permanence.

Attablés pendant des heures, les pirates dévorent des quantités énormes de viande fraîche de bœufs sauvages qu'ils pimentent.

Après des semaines de navigation entre hommes, les pirates dépensent beaucoup d'or pour s'amuser avec les filles des tavernes.

Les pirates se déplacent toujours en bande : les ruelles sont sombres et risquées pour ceux qui ont les poches remplies de pièces d'or. Les bagarres sont nombreuses et aussi dangereuses que les abordages !

Pendant que les équipages s'amusent, les capitaines font réparer les voiles de leur bateau et vérifier les cordages. Les boulets rougis par le feu des combats ainsi que le sel de l'océan peuvent faire de sérieux dégâts.

Les pirates achètent du tabac lors des escales et bourrent leur pipe qu'ils surnomment "brûle gueule". Ils en profitent car ils n'ont pas le droit de fumer à bord.

Le maître-coq fait charger dans les cales des tonneaux de biscuits, de poissons salés, d'eau potable et de rhum.

Certains bateaux sont tirés sur le sable pour que les mousses puissent gratter les coquillages qui se sont amassés sur la coque.

Les marchands sans scrupule s'enrichissent en achetant le butin pillé par les brigands ou en l'échangeant contre des vivres ou des équipements.

Barbe Noire, le *serial killer* des mers

Doté d'une force peu commune, ce colosse diabolique allume avant les combats des rubans et des mèches de chanvre qu'il a tressés dans sa longue barbe. Puis il se rue sur ses adversaires en hurlant. Il veut les terroriser et cela fonctionne !

Naissance d'une légende noire

D'abord corsaire au service des Anglais, Edward Teach, alias Barbe Noire, tombe rapidement dans la piraterie et pille les bateaux et le littoral de l'Atlantique nord à partir de 1716. Il transforme le *Queen Anne's Revenge*, un navire spécialisé dans le trafic d'esclaves, en véritable machine de guerre. Armé de 40 canons, un record pour l'époque, son bateau emporte 300 forbans prêts à mourir pour leur capitaine sanguinaire. Soucieux de protéger ses troupes, il fonde un repaire sur l'îlot d'Ocracoke, en Caroline du Nord, où ses pirates se reposent entre deux combats.

Le dernier combat

Décidées à en finir avec ce brigand qui ruine les négociants, les autorités britanniques mettent à prix les têtes de Barbe Noire et de ses pirates : 10 livres pour les hommes d'équipage, 100 pour leur capitaine. Le lieutenant anglais Robert Maynard prend la tête d'une expédition et parvient à retrouver "le fils du Diable". Un surnom mérité : pendant le combat, Barbe Noire résiste à une vingtaine de vilaines blessures dont cinq par balles ! Après un long corps à corps, l'officier de la Royal Navy tranche enfin la tête du pirate et l'exhibe sur le mât de son bateau !

Touché, coulé

Le Queen Anne's Revenge *a coulé en 1717, au large de Beaufort, après avoir heurté un banc de sable. En 2009, des archéologues découvrent une épave gisant au fond de l'eau. Le bateau de Barbe Noire est identifié deux ans après, grâce notamment à la poudre d'or subsistant dans ses cales.*

Des ruses très rentables

Les pirates préfèrent toujours s'emparer d'un navire marchand par la ruse que par la force : les pertes dans l'équipage sont plus faibles et un bateau capturé sans combat a l'avantage d'être bien moins abîmé. Et pour tromper l'ennemi, les pirates ne sont jamais à court d'idées !

La ruse la plus fréquente

Le pavillon pirate est remplacé par un drapeau inconnu. Des pirates se font passer pour d'honnêtes commerçants dont le bateau est en perdition. Certains sont habillés en femmes, mais la plupart se cachent dans la cale ou sous des cordages. Malheur au capitaine trop naïf qui vient leur porter secours. Lorsque les deux bateaux sont bord à bord, les pirates se montrent sous leur vrai jour et attaquent en hurlant « À l'abordage ! ».

Les naufrageurs

Lorsque la nuit est sombre et la mer démontée, certains pirates allument de grands feux sur les côtes les plus dangereuses, formées de récifs coupants et de bancs de sable. Attirés par ces lumières, les capitaines s'approchent dans l'espoir de trouver un port. Le piège fonctionne à merveille. Même les plus expérimentés fracassent la coque de leur navire sur les rochers et font naufrage. Le lendemain, lorsque la mer s'est calmée, les naufrageurs viennent récupérer leur butin. Et malheur aux survivants, ces pirates ne laissent pas de témoin.

L'attaque nocturne

Avant le lever du soleil, une vingtaine de pirates embarquent sur de petits canots et rament le plus discrètement possible vers les bateaux qui stationnent près des côtes. Puis ils grimpent sur le pont avec deux objectifs : maîtriser les officiers et s'emparer de la Sainte-Barbe, la pièce où se trouve la réserve de poudre. En général, personne n'ose résister à des assaillants pouvant faire sauter le navire !

Châtier les ennemis

Les pirates ne sont pas des anges et tout le monde craint de tomber entre leurs mains. Pour impressionner leurs hommes ou prouver leur cruauté absolue, ils sont prêts à infliger les châtiments les plus horribles.

La grande cale

Pieds et mains liés à une corde, le prisonnier est envoyé par-dessus bord et passe sous la coque recouverte de coquillages, tranchants comme des poignards. Le supplicié est récupéré, en sang, de l'autre côté du navire. Parfois vivant mais pas toujours. Surtout quand il subit plusieurs fois ce traitement inhumain.

Torturé en musique

Les tortionnaires font courir le prisonnier autour du mât de misaine. Des matelots, placés en cercle autour de lui, l'invectivent, le frappent et le piquent avec leur couteau, leur fourchette ou leur compas. Cette scène atroce est parfois accompagnée d'une musique entraînante.

Lacéré

La plus commune des tortures est celle du fouet. Simple lanière de cuir, ou muni de neuf cordes, le fouet est utilisé contre les prisonniers mais aussi contre les membres d'équipage désobéissants. Parfois, les pirates ajoutent de petites billes de fer ou d'acier coupant pour mieux lacérer le dos des suppliciés.

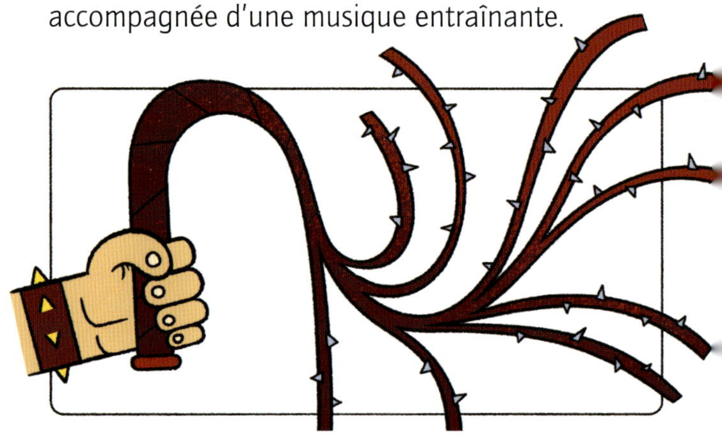

Écartelé

Le prisonnier est attaché par les pieds et les mains à quatre cordes reliées aux parois de la cale. Puis les cordes, tendues au maximum, sont frappées avec un gros bâton : les vibrations sont terribles pour le torturé dont le corps ne cesse de trembler.

La légende de la planche

On voit dans de nombreuses aventures de pirates comme dans Peter Pan *le châtiment de la planche : le prisonnier avance sur une sorte de plongeoir, au-dessus d'une mer infestée de requins. Pourtant, cette torture n'a jamais existé ou très rarement !*

La corde

Cette torture réputée chez les boucaniers est aussi simple qu'efficace. Une corde est enroulée autour du cou des pauvres prisonniers qui ont des secrets à cacher. Il ne reste plus qu'à la serrer de plus en plus fort pour faire avouer leur victime… ou faire sortir les yeux des orbites.

Abandonné !

Les ennemis ne sont pas les seules victimes de cette cruauté. Après une mutinerie, certains capitaines sont abandonnés sur un îlot ou dans une barque en pleine mer. Brûlés par le soleil, torturés par la faim, ils n'ont quasiment aucune chance de survivre…

Bateaux et pavillons de légende

Les pirates n'achètent jamais leur navire, ils le volent ! Et tout est bon à prendre, des chaloupes aux galères, des frégates aux bricks, même s'ils préfèrent les embarcations rapides et maniables. Quel que soit le bateau, il ne faut pas oublier de hisser le pavillon le plus terrifiant possible.

Un message de toile

Tous les navires doivent hisser un drapeau à leur poupe ou sur leur grand mât. Les pirates se sont dotés du fameux Jolly Roger. Entièrement rouge ou noir dans les premiers temps, le pavillon est vite décoré de symboles macabres : os, crâne, goutte de sang, armes. Quand il est noir, le Jolly Roger signifie « Rendez-vous sans combattre ». De couleur rouge, le message est plus radical : personne ne sera épargné lors de l'assaut ! Le pavillon le plus connu est sans conteste celui d'Edward England : une tête de mort et deux fémurs (1). Celui d'Edward Low rappelle qu'il est l'un des pirates les plus sanguinaires (2). Le bras blanc portant un sabre symbolise la puissance de Thomas Tew (3). Clin d'œil du destin, le pirate aura la tête coupée par cette arme lors de l'attaque d'un navire indien en 1695. Le drapeau de Barbe Noire fait comprendre aux ennemis que leurs jours sont comptés (4). Celui de Stede Bonnet est le plus original : l'os symbolise l'équilibre entre la vie (le cœur) et la mort (le poignard) (5).

1

2

3

4

5

Ancien navire négrier, le ***Whydah Gally*** est capturé par Samuel Bellamy en 1717. Son destin de bateau pirate sera bref. Trois mois plus tard, le trois mâts de 31 m coule dans une tempête sur la côte est des États-Unis. Seuls deux membres de l'équipage survivent. Selon eux, leur bateau a été emporté vers les fonds, car il contenait dans ses cales 180 sacs d'or et d'argent pillés sur une cinquantaine de navires !

À l'abordage !

Des hurlements, des sifflements de balles, des éclairs, des voiles qui s'affalent, des coques qui se fracassent l'une contre l'autre... les attaques des pirates se font toujours dans le bruit, la fureur et la terreur !

Lorsque les deux navires sont assez proches, les assaillants lancent des grappins sur l'autre bateau pour faciliter l'abordage et empêcher toute fuite. Ils font tourner leur hache comme des moulinets. Ils s'en servent pour se battre, pour monter le long des coques et couper les cordages. Des feux grégeois, pots de terre remplis de soufre, de poix, et de salpêtre, explosent sur le pont ennemi. D'autres brigands envoient des bouteilles remplies de bouts de fer et de verre pilé. Des chausse-trappes volent sur le pont. Malheur à ceux qui marchent pieds nus sur ces étoiles aux pointes acérées. Certains pirates sont écrasés entre les deux coques quand les bateaux se rapprochent. Le chirurgien-barbier prépare ses instruments à l'arrière pour soigner les hommes blessés. Des marins restent toujours devant la cabine du capitaine pour le protéger des attaques ennemies.

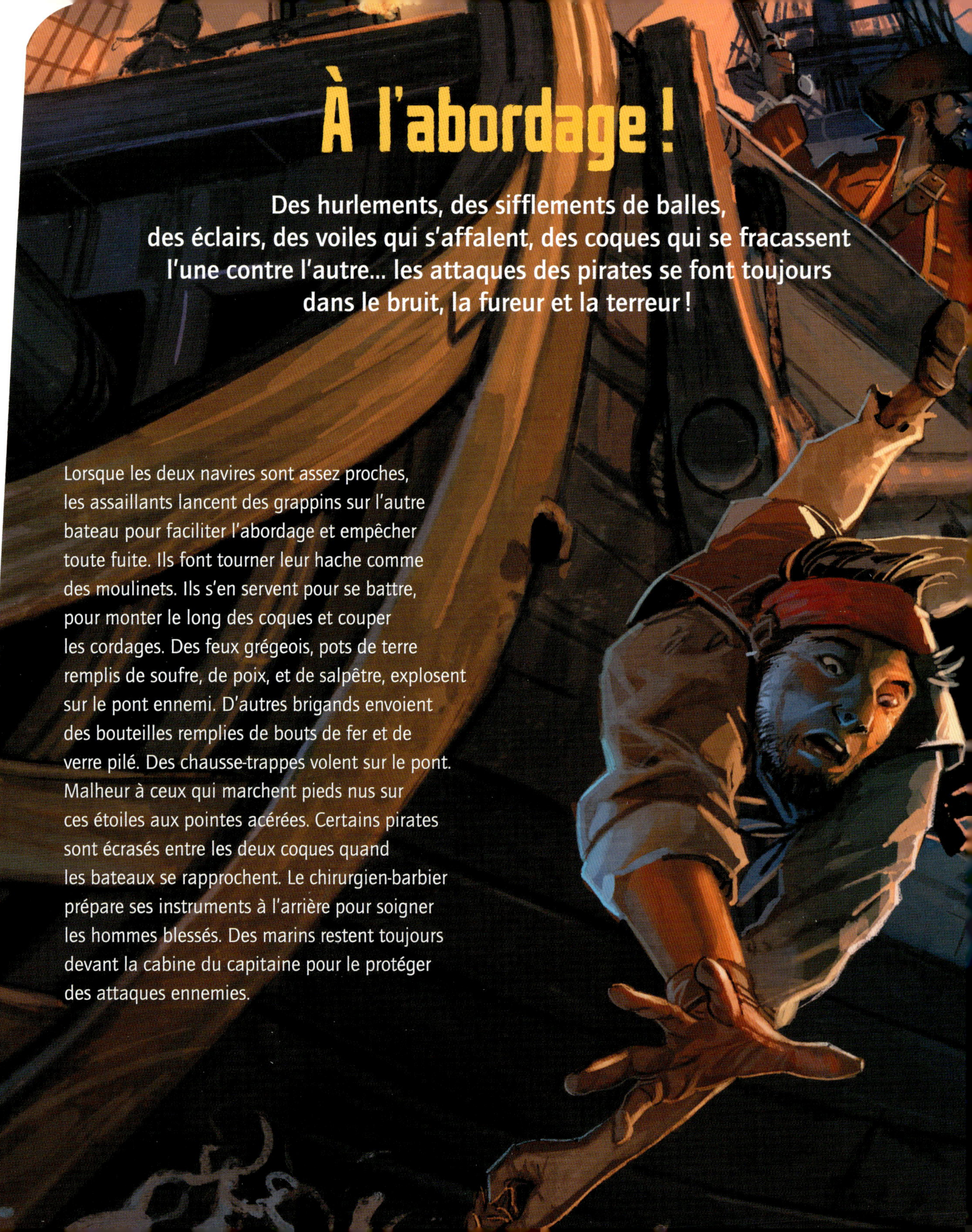

Traqués sur toutes les mers

Bien peu de pirates connaissent une vieillesse sereine. Leur tête est mise à prix par les autorités, de plus en plus sévères à partir du XVIIIe siècle. Malheur à eux en cas de capture car la piraterie est le seul crime puni par tous les pays.

Chasseurs de pirates

Dès le XVIe siècle, les rois Henri VIII d'Angleterre et Henri II de France organisent la répression contre les pirates les plus dangereux et offrent de belles primes pour leur arrestation. Plusieurs types de marins participent à ces traques : des militaires, comme le lieutenant Maynard de la Royal Navy, vainqueur de Barbe Noire, des corsaires tel Jacques Broquant, héros de la période napoléonienne, ou de simples aventuriers et marchands attirés par le gain.

William Kidd crie son innocence mais il est condamné à la pendaison en 1701.

Le colonel William Rhett arrête le pirate Stede Bonnet.

Des procès publics

Dans l'Antiquité, les pirates sont considérés pires que des criminels, donc décapités ou jetés aux fauves. Plus tard, ils sont les victimes de la hache du bourreau. Au XVe siècle, en France, ils sont condamnés à agoniser sur une roue après avoir eu les membres brisés à coups de barre de fer. C'est le supplice de la roue. Puis l'ordonnance du roi du 5 septembre 1718 promet la peine de mort aux capitaines pirates avec confiscation de leurs biens, et la galère à perpétuité pour leur équipage. Aux XVIIe et XVIIIe siècles, les autorités mettent en scène les procès des pirates afin qu'ils servent d'exemple à tous les marins. Ils sont suivis par une foule de curieux comme les pendaisons qui s'ensuivent.

Pour l'exemple

Des milliers de pirates finissent pendus quai des Exécutions, le long de la Tamise, à Londres. Selon la tradition, leur corps doit se balancer au bout de la corde jusqu'à ce qu'il ait été recouvert par trois marées ! Parfois les exécutions ont lieu en série : en mai 1701, 224 pirates français sont pendus à Londres. En mars 1722, 52 hommes d'équipage de Bartholomew Roberts connaissent le même sort à Cape Coast, en Afrique de l'Ouest. L'un des procès les plus célèbres est celui du capitaine Kidd, un marchand britannique parti sillonner l'océan Indien pour chasser les pirates avant de tomber lui-même dans la piraterie ! Il est pendu avec neuf membres de son équipage. Puis son cadavre est enfermé dans une cage de gibet (*ci-contre*), fabriquée sur mesure et exposée à l'entrée des ports jusqu'à sa décomposition totale. Le but est de faire peur aux pirates mais cela ne fait que renforcer leur haine.

Les survivants

Ceux qui échappent à la corde ne connaissent pas toujours un sort plus enviable. Les prisons sont sales, dangereuses, surpeuplées et les chances d'y survivre bien faibles. Les plus redoutées sont les geôles flottantes, de vieux bateaux attachés à des pontons où l'on entasse les prisonniers dans des cales humides, infestées de rats, glaciales en hiver, torrides en été. Ils y sont nourris de pain moisi et de viande pourrie.

Hardis corsaires

Ces aventuriers des mers se battent au nom de leur souverain. Et gare aux pirates qu'ils croisent sur leur route, ils ne sont pas épargnés.

Jean Bart (1650-1702)

Les rois de France Louis XIV et Louis XV peuvent le remercier. Ce Dunkerquois n'a jamais cessé de traquer les ennemis anglais, hollandais et espagnols, sans oublier les pirates de Méditerranée. Mais ce noble marin est aussi un héros aux yeux du peuple : en 1694, avec seulement sept navires, il s'empare d'une centaine de bateaux gorgés de blé, et nourrit ainsi des milliers de Français affamés !

René Duguay-Trouin (1673-1736)

Très audacieux pour son âge, ce corsaire de Saint-Malo n'a que 23 ans lorsqu'il fait prisonnier le chef de la flotte hollandaise. Ce n'est qu'un début. À 35 ans, il a déjà capturé seize vaisseaux de guerre et plus de trois cents navires marchands. En 1711, il signe son plus bel exploit en s'emparant de la colonie portugaise de Rio de Janeiro, au Brésil, dont il rapporte une fortune en or.

Robert Surcouf (1773-1827)

Embarqué dès l'âge de 13 ans, l'immense Malouin prend sa retraite à 36 ans, après des centaines de combats victorieux. Pendant les guerres de la Révolution et de l'Empire, le "Tigre des Sept mers" pourchasse, dans l'océan Indien, les convois de l'Angleterre, l'ennemi juré, en route vers les ports de l'Inde. En 1800, il inflige même une terrible défaite au *Kent*, un vaisseau pourtant bien mieux armé et équipé. Revenu en France, le roi des corsaires se consacre alors à son activité d'armateur et décuple son immense fortune. Le jeune mousse est devenu le plus grand notable de sa ville.

Francis Drake (1540-1596)

Cet intrépide marin est capable du pire et du meilleur. À 20 ans, il navigue avec le sinistre pirate John Hawkins et gagne sa vie dans l'ignoble trafic d'esclaves. La deuxième partie de sa vie est plus glorieuse. De 1577 à 1580, Drake est le premier Anglais à faire le tour du monde. Anobli par la reine Elisabeth d'Angleterre, il sauve en 1588 son pays attaqué par l'Invincible Armada espagnole.

Jacques Cassard (1679-1740)

Ce brillant corsaire nantais, craint sur l'Atlantique et la Méditerranée, est qualifié par Duguay-Trouin de « plus grand homme de mer de tous les temps ». Mais la gloire ne protège pas de la jalousie des puissants. Héros de la marine sous Louis XIV, il meurt en prison, mal récompensé de ses glorieux services rendus à la France. Et tout ça pour avoir manqué de respect à un ministre de Louis XV !

Chasseurs de trésor

Combien de coffres remplis d'or et de bijoux ont été cachés sur des îles désertes ou engloutis sous les eaux ? Personne ne le sait, mais certains continuent inlassablement de chercher ces richesses… qui n'existent sans doute que dans leur imagination !

Enfouis… à jamais ?

Après chaque capture de bateau, le butin est normalement réparti entre tous les membres d'équipage sur une plage, à l'abri des regards indiscrets. Mais parfois, en attendant le partage, les coffres sont enterrés par le capitaine dans un endroit secret avec l'idée de revenir le chercher plus tard. Pour le retrouver plus facilement, il griffonne sur un papier des indications, parfois codées. Mais si par malheur, le capitaine est capturé ou tué, la recherche du trésor devient alors très compliquée, voire impossible.

Les vrais trésors des pirates

Si l'or fait rêver, de nombreux autres biens étaient tout aussi précieux aux yeux des pirates : le bois de campêche, utile comme colorant pour les teinturiers, les épices, le sucre, les tissus comme le calicot, le tabac ou le vin. Ils pouvaient les monnayer à bon prix lors des escales au port.

Vraies ou fausses pistes

En plus du langage codé, d'autres problèmes peuvent surgir. Les mesures indiquées se révèlent parfois inexactes ou varient d'une langue à l'autre, les coffres peuvent bouger de quelques mètres sous la terre, la végétation empêcher tout accès à la cachette. Il arrive également que le trésor n'existe pas et que les documents soient écrits dans le seul but d'attirer les cupides pirates sur une fausse piste.

Une cachette introuvable

L'un des trésors le plus intriguant est celui du pirate Olivier Labuse. Peu avant sa pendaison, le Français lance à la foule un document sur lequel est dévoilé le chemin menant au lieu où sont enfouis ses coffres remplis d'or. « Trouvera mon trésor celui qui comprendra » crie-t-il peu avant de mourir. Seul problème : ses indications sont écrites dans un langage totalement incompréhensible. À ce jour, personne ne l'a encore déchiffré.

Des trésors sous la mer

Des milliers de tonnes d'or se trouvent dans les profondeurs sous-marines suite aux nombreux naufrages de navires, notamment ceux arraisonnés par les pirates. La chasse au trésor peut donc rapporter gros mais encore faut-il le trouver !

Trouver l'épave

Selon l'Unesco, il existe près de 3 millions d'épaves englouties ! Chacun a sa technique pour retrouver les plus rentables. Certains consultent de vieux livres de bord reconstituant les routes suivies par les navires disparus. D'autres prospectent les zones les plus dangereuses, où les tempêtes et les écueils sont nombreux. Quelle que soit la méthode, la recherche est un parcours du combattant. Sous l'eau depuis des siècles, le navire a presque toujours été déplacé par les courants, et une incroyable épaisseur de sable et de végétaux marins le recouvrent parfois entièrement.

Bien équipés

À bord de leurs embarcations, les chasseurs utilisent des appareils puissants comme les sonars qui permettent de repérer des formes sous l'eau, et des magnétomètres, précieux pour détecter les objets métalliques. Dès que l'épave est localisée, c'est le temps de la plongée en bouteille si les conditions météorologiques et la profondeur l'autorisent. Sinon, on envoie des robots articulés et de petits sous-marins automatisés capables d'atteindre des fonds de 10000 m.

Insatiable chercheur

Certains archéologues vouent leur vie entière à la recherche de trésors de pirates. L'Américain Barry Clifford est l'un des plus célèbres. En 1984, il découvre près des côtes du Massachusetts (États-Unis) l'épave du *Whydah Gally*, le navire de Samuel Bellamy. Sa prise est exceptionnelle : plus de 200 000 objets, 10 000 pièces, 400 bijoux en or, des armes dont 60 canons, du mobilier et de la vaisselle. La cloche du navire permet d'authentifier ce trésor. En 2014, l'archéologue déclare avoir retrouvé la *Santa Maria*, l'une des trois caravelles de Christophe Colomb, disparue en 1492 au large d'Haïti. Hélas, des experts repèrent des éléments datant du XVIIIe siècle, bien trop récents pour le bateau ! Persévérant, Barry Clifford affirme, en mai 2015, avoir repéré non loin de Madagascar l'*Adventure Galley*, le bateau du capitaine Kidd. La preuve ? Il remonte à la surface un lingot d'argent de plus de 45 kg. A-t-il découvert un nouveau trésor fabuleux ? Il va falloir qu'il le prouve !

Des moyens considérables

Pour avoir une chance de trouver de l'or, les chasseurs de trésor doivent donc être très riches ! Seules des sociétés spécialisées dans la recherche en eaux profondes peuvent se lancer dans l'aventure. À leurs risques et périls. Car la recherche peut nécessiter un investissement de plusieurs millions et ne pas en rapporter un seul. En 2007, une équipe découvre 600 000 pièces d'or et d'argent, dans une épave au large de Gibraltar. Valeur du magot : 375 millions d'euros. Jackpot ? Pas du tout. L'Espagne revendique la propriété du bateau et du trésor !

Sur la cloche, découverte et remontée à la surface par l'équipe de Barry Clifford, étaient gravés ces mots "the Whydah Gally 1716", permettant ainsi l'identification immédiate du navire !

Pirates d'aujourd'hui

Les pirates n'ont pas disparu avec Barbe Noire ou Jack Rackham ! Aujourd'hui, les hors-la-loi des mers n'hésitent pas à s'attaquer aux cargos, bateaux de plaisance, voire aux pétroliers.

Sur toutes les mers

Issus des populations pauvres des côtes, les pirates ont beaucoup de tentations. Plus de 90 % des marchandises échangées dans le monde le sont par voie maritime à bord de près de 50 000 navires de commerce. Les zones les plus risquées sont situées en Asie du Sud et du Sud-Est, le long des rivages de l'Amérique du Sud, au sud de la mer Rouge, autour de la corne de l'Afrique (large de la Somalie), mais aussi, et de plus en plus, dans le golfe de Guinée (1re zone depuis 2012 avec près de 1 000 attaques par an). La lutte contre les pirates coûte aux armateurs environ 8 milliards d'euros par an !

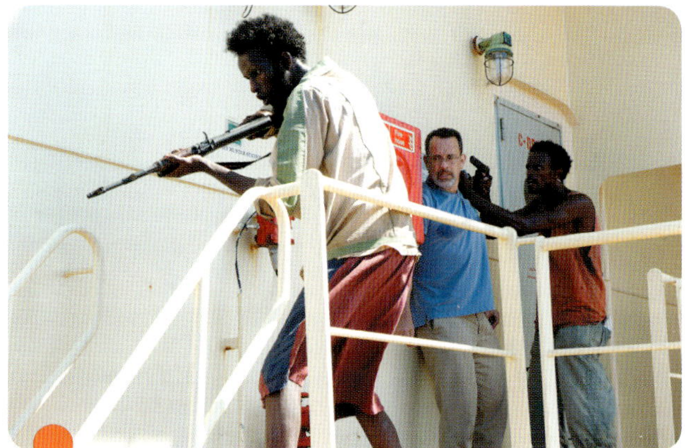

Le film *Capitaine Phillips*, avec Tom Hanks, retrace l'histoire du *Maersk Alabama*, attaqué par des pirates somaliens en 2009.

Des tactiques modernes

Comme leurs prédécesseurs, les pirates des temps modernes maquillent leurs embarcations en bateaux de pêche ou de transport pour s'approcher de leurs futures victimes. Mais ils sont bien mieux outillés ! Ils disposent d'armes à feu ultra-perfectionnées et de hors-bord deux fois plus rapides que les cargos, mal défendus, faute d'équipage en nombre suffisant. Les brigands peuvent aussi écouter clandestinement les communications par satellite et connaître les mouvements précis des navires.

Un pirate somalien devant un bateau de pêche taïwanais, en septembre 2012. L'équipage a été libéré contre une rançon.

Des attaques très diverses

Parfois, les pirates montent à bord la nuit lorsque les bateaux sont à quai ou au mouillage. Ils volent l'argent du coffre conservé pour payer l'équipage, et tout ce qui a une valeur marchande, y compris les instruments de navigation. D'autres, plus ambitieux, abordent les navires en pleine mer et s'en rendent maître. Ils peuvent exiger une rançon pour les restituer ou ils revendent leur cargaison ! Dans le golfe de Guinée, au large de l'Afrique de l'Ouest, des groupes très violents se sont même spécialisés dans l'attaque de pétroliers. Armés de kalachnikovs, ils séquestrent l'équipage et empêchent toute communication avec la terre. En quelques heures, ils siphonnent le pétrole, puis le revendent au plus offrant.

Face aux pirates

Après un pic entre 2009 et 2011, les actes de piraterie ont diminué de moitié grâce, notamment, à une baisse de la piraterie somalienne. Cette forte réduction s'explique, entre autres, par une protection militaire de certains convois (matériels sensibles, pétroliers), et par la présence d'équipes de sécurité privée à bord. Les bateaux sont aussi mieux équipés pour répondre aux attaques : des systèmes de barbelés freinent les abordages et de puissants canons à eau écartent les agresseurs. Enfin, ils sont dotés de balises satellites cachées, permettant ainsi aux forces armées de les retrouver rapidement lorsqu'ils ont été attaqués.

Arrestation de deux embarcations pirates, dans le golfe d'Aden, en juin 2009, par la Royal Navy et la patrouille maritime espagnole.

Les plus et les moins

Captures de bateaux, pillages, tortures, trésors, revers de fortune, certains records font frémir, amusent ou intriguent, mais ils ne seront jamais égalés. Du moins pour certains peut-on l'espérer !

Tour à tour canonnier, bûcheron, flibustier, l'Anglais **William Dampier** est resté célèbre pour les récits de ses voyages dans la mer des Antilles, le Pacifique et l'océan Indien. C'est le **plus savant des pirates** ! Il est le seul à décrire avec autant de talent les terres, les populations, la faune, la flore, les vents et les courants des mers qu'il a sillonnées ! Ses récits rencontrent un immenses succès, mais Dampier aime tant l'aventure qu'il poursuit son activité de flibustier jusqu'à sa mort en 1715.

Le corsaire **Jean Fleury** a droit à plusieurs lettres de félicitation du roi François Ier. Il le mérite car il est devenu, en quelques années, le **pire cauchemar** des Espagnols. Son exploit majeur a lieu en 1522 quand il capture des galions espagnols après une longue course poursuite sur l'océan Atlantique. Il trouve dans les cales un magnifique trésor aztèque : des centaines de kilos d'or, des tas de bijoux et des perles grosses comme des noisettes ! Le roi Charles Quint, qui le hait, le fait capturer et pendre en 1527.

Le capitaine **Edward England** peut gagner le titre du **pirate le plus sympa** et le plus humain. En 1720, contre l'avis de son équipage, il décide de laisser la vie sauve à l'un de ses prisonniers. Mauvaise idée : ses marins l'abandonnent sur une île déserte. Mais le doux England est aussi ingénieux : il réussit à construire un petit bateau et à rejoindre Madagascar.

En 1695, le capitaine anglais **Henry Avery** gagne le **gros lot au loto des flibustiers** ! Il capture un bateau indien, propriété du riche souverain qui règne sur l'Inde, et s'empare de 500 000 pièces d'or et d'argent et de sacs de magnifiques bijoux. Mais la chance tourne et il finit sa vie complètement ruiné.

Au début du XVIIIe siècle, l'Anglais **Edward Low**, tristement célèbre pour sa passion de la torture, est considéré comme le **plus cruel des pirates**. Pourtant les horribles sadiques ne manquent pas dans cette profession ! Le terrible Low adore découper ses adversaires en inventant de nouvelles tortures à chaque occasion. Sa folie terrorise bientôt son équipage qui l'abandonne sur une barque en pleine mer.

Quiz

À toi de trouver les bonnes réponses à ces questions.
Un indice : elles sont toutes dans le livre !

1. Sur quelle mer sévissent le plus souvent les flibustiers au XVIIe siècle ?
- A. la mer de Chine
- B. la mer des Antilles
- C. la mer Noire

2. Les ennemis intimes des frères Barberousse sont les :
- A. Anglais
- B. Turcs
- C. Espagnols

7. Quel romancier a imaginé le personnage de Long John Silver ?
- A. Robert Louis Stevenson
- B. Daniel Defoe
- C. Jules Verne

8. Sur un bateau pirate, celui qui veille sur l'artillerie, la poudre et les boulets est le :
- A. timonier
- B. poudrier
- C. canonnier

9. Comment est surnommée la plateforme d'observation de la vigie ?
- A. le nid-de-pie
- B. la cabane du pêcheur
- C. le toit du monde

10. Quel est le nom du médecin sur un bateau pirat
- A. Le dentiste-coiffeur
- B. L'infirmier-équarisseur
- C. Le chirurgien-barbier

15. Quelle partie du corps est généralement blessée par les chausse-trappes ?
- A. les mains
- B. les pieds
- C. les épaules

16. Dans quelle ville se trouve le quai des Exécutions ?
- A. Marseille
- B. Rio de Janeiro
- C. Londres

17. Parmi ces corsaires, lequel n'est pas originaire de Saint-Malo ?
- A. Jaques Cassard
- B. Robert Surcouf
- C. René Dugauy-Trouin

18. Qu'a-t-on retrouvé dans l'épave du *Whydah Gally* ?
- A. Un cadran solaire
- B. Une horloge
- C. Une cloche

3. Quelle île est l'une des capitales des flibustiers et des boucaniers au XVIIe siècle ?

A. la Corse
B. l'île de la Tortue
C. la Guadeloupe

4. La ville considérée comme « la plus malfaisante cité de la terre » était :

A. Port-Royal
B. Port Saïd
C. Port Kingstone

5. Quel pirate est nommé gouverneur de Jamaïque en 1674 ?

A. Bartholomew Roberts
B. Olivier Levasseur
C. Henri Morgan

6. Le chapeau préféré des pirates est :

A. le canotier
B. le tricorne
C. la casquette

11. Quelle sanction est prévue si un pirate vole l'un de ses coéquipiers ?

A. on le jette à l'eau
B. on lui coupe les mains
C. on lui coupe le nez et les oreilles

12. Le surnom du pirate Edward Teach :

A. Rackham le Rouge
B. Barbe Noire
C. Black Sam

13. Le nom du pavillon des pirates est le :

A. Jolly Roger
B. Fanny Edwards
C. Penny Lane

14. Le pavillon rouge signifie que :

A. les pirates se rendent
B. le capitaine a la rougeole
C. les pirates ne laissent aucun survivant

19. La piraterie a complètement disparu depuis 1950 :

A. vrai
B. faux

20. Dans quel golfe les pirates actuels attaquent les pétroliers ?

A. le golfe de Guinée
B. le Golfe du Lion
C. le golfe de Saint-Nom-de-la-Bretèche

Solutions

1. B - **2.** C - **3.** B - **4.** A - **5.** C - **6.** B - **7.** A - **8.** C - **9.** A - **10.** C - **11.** C - **12.** B - **13.** A - **14.** C - **15.** B - **16.** C - **17.** A - **18.** C - **19.** B - **20.** A

Lexique

Armateur
Personne qui s'occupe du commerce des navires.

Brick
Voilier à deux mâts à voiles carrées.

Chaloupe
Petite embarcation, semblable à une barque.

Frégate
Bâtiment de guerre - trois mâts ne portant pas plus de 60 canons.

Galère
Bâtiment de guerre à voiles et à rames.

Galérien
Homme condamné à ramer sur des galères.

Galiote
Petite galère.

Galion
Grand navire armé de dizaines de canons, destiné au commerce avec l'Amérique, au transport de l'or que l'Espagne prenait dans ses colonies.

Mât de misaine
Premier mât vertical à l'avant du navire.

Mouillage
Emplacement où le bateau est ancré.

Unesco
Organisation des Nations unies pour l'éducation, la science et la culture.

Index

Crédits iconographiques

Couverture : Fabrice Weiss - **page de titre** : Fabrice Weiss - **4e de couverture** : Fabrice Weiss - **p. 4** : Granger NYC/Rue des Archives - **p. 5** : Delaware Art Museum, Wilmington, USA/Museum Purchase/Bridgeman Images - **p. 6** : C. Espié - **p. 7 bg** : C. Espié ; hd : DeAgostini/Leemage - **p. 8** : L. Favreau - **p. 9** : Private Collection/Peter Newark American Pictures/Bridgeman Images - **p. 10-11** : Christine Ponchon - **p. 12 bg** : Granger NYC/Rue des Archives ; **hd** : Lebrecht/Rue des Archives ; **dessin** : O. Fertel - **p. 13 hd** : Private Collection/Peter Newark Pictures/Bridgeman Images ; **bg** : Lebrecht/Rue des Archives ; **bd** : Sleva/Leemage - **p. 14-15** : Ch. Jégou - **p. 16-17** : Fabrice Weiss - **p. 18-19** : Bastien Jalibert - **p. 20-21** : Loïc Méhée - **p. 22-23** : Private Collection/Bridgeman Images - **p. 24-25** : Christine Ponchon - **p. 26-27** : Bastien Jalibert - **p. 28** : Mary Evans/Rue des Archives - **p. 29 bg** : Xavier Collette ; **d** : O. Fertel - **p. 30-31** : Fabrice Weiss - **p. 32 bg** : Costa/Leemage ; **hd** : Mary Evans Picture Library/Photononstop - **p. 33 bg** : Historical Picture Archive/CORBIS ; **hd** : Costa/Leemage - **p. 34-35** : Xavier Collette - **p. 36** : Ch. Jégou - **p. 37** : The Advertising Archives/Rue des Archives - **p. 38 hg** : DR ; Look and Learn/Bridgeman Images - **p. 39 bg** : DR ; **hd** : SIPANY/SIPA - **p. 40 bg** : Farah Abdi Warsameh/AP/SIPA ; **hd** : Rue des Archives/BCA - **p. 41** : AP/SIPA - **p. 42-43** : Bastien Jalibert

Dans la même collection